VICTOR MIRSHAWKA JUNIOR

Pequeno livro da Alegria

Dicas para produzir SORRISOS e cultivar sua FELICIDADE...

www.dvseditora.com.br
São Paulo, 2013

COPYRIGHT© DVS Editora 2013
Todos os direitos para a língua portuguesa reservados pela editora.
Nenhuma parte dessa publicação poderá ser reproduzida, guardada pelo sistema "retrieval" ou transmitida de qualquer modo ou por qualquer outro meio, seja este eletrônico, mecânico, de fotocópia, de gravação, ou outros, sem prévia autorização, por escrito, da editora.

Ilustração: Daimone Poliard dos Santos.
Produção Gráfica, Diagramação: Konsept Design & Projetos.

```
        Dados   Internacionais  de  Catalogação  na  Publicação   (CIP)
                (Câmara   Brasileira   do   Livro,   SP,   Brasil)

            Mirshawka Junior, Victor
               Pequeno livro da alegria : dicas para produzir
            sorrisos e cultivar sua felicidade / Victor
            Mirshawka Junior ; [ilustrações de Daimone
            Poliard Santos]. -- São Paulo : DVS Editora,
            2013.

               ISBN 978-85-8289-011-0

               1. Alegria 2. Autoajuda 3. Felicidade
            4. Otimismo 5. Realização pessoal I. Santos, Daimone
            Poliard. II. Título.




   13-07405                                          CDD-158

                   Índices para catálogo sistemático:

                1. Autoajuda : Felicidade : Psicologia aplicada
                       158
```

DEDICATÓRIA

À minha esposa Carol,
fada de luz,
princesa herdeira do tempo eterno,
minha inspiração de alegria.

Taeer

SUMÁRIO

- 11 · Feche os olhos e sonhe o seu sonho mais "impossível".
- 13 · Registre seu propósito na vida.
- 15 · Reze em voz alta.
- 17 · Alimente um pouco o silêncio.
- 19 · Anuncie sua gratidão.
- 21 · Realize um ato de bondade aleatória e anônima.
- 23 · Faça um presente para alguém.
- 25 · Diga "bom dia" a todos, sem exceção.
- 27 · Sorria antes.
- 29 · Elogie um fiscal de trânsito.
- 31 · Converse com um estranho e finja que o conhece.
- 33 · Ponha uma flor na lapela.
- 35 · Vista sua melhor roupa numa quarta-feira.
- 37 · Beba água...da chuva.
- 39 · Deguste um chocolate escondido.

Pequeno Livro da ALEGRIA

- 41 • Coma frutas do pé.
- 43 • Não se leve muito a sério.
- 45 • "Cantarole" um refrão.
- 47 • Participe da competição do sorriso.
- 49 • Fotografe um arco-íris.
- 51 • Divirta-se no parquinho.
- 53 • Faça um desenho na parede.
- 55 • Brinque com bexigas.
- 57 • Dance no carro.
- 59 • Imite seu animal de estimação.
- 61 • Grite "GOL" pra valer.
- 63 • Peça a um professor para lhe ensinar algo diferente.
- 65 • Imagine uma profissão nova e trabalhe nela durante um dia inteiro.
- 67 • Termine uma frase de forma inesperada.
- 69 • Atenda ao telefone usando outro nome.

- 71 · Invente uma palavra.
- 73 · Dê nome a uma nuvem.
- 75 · Crie um apelido.
- 77 · Pegue uma criança no colo.
- 79 · Dê um abraço repentino.
- 81 · Liberte um pássaro de uma gaiola. Ou convença alguém a fazê-lo.
- 83 · Escreva uma declaração de amor à mão e faça questão de entregar pessoalmente.
- 85 · Dê um beijo de verdade.
- 87 · Conte um segredo seu para alguém, mas sem dizer o seu nome.

Os livros têm muitas motivações diferentes: nobres, ingênuas, complexas, diretas, educacionais, de entretenimento, comerciais, filantrópicas, documentais, históricas, imaginativas, etc.
No caso deste **Pequeno Livro**, o propósito é singelo e explícito: provocar intensos sorrisos de **Alegria**!
Há coisas simples, divertidas e respeitosas que todos podemos fazer para aumentar nosso nível de alegria imediatamente, para azular aquela tarde cinza, combater o mau-humor da segunda-feira, dissipar o tédio da rotina, ou até mesmo aliviar o estresse dos maiores problemas da vida.
As páginas a seguir trazem várias sugestões, algumas conhecidas, outras inusitadas, um punhado delas desafiadoras... Você pode até inventar suas próprias também (aproveite as páginas em branco ao final para rabiscar algumas ideias, ou acesse minha fanpage).
Não se prenda a uma sequência. Em qualquer página você sempre encontrará, ladeadas, uma ilustração, a dica do que fazer, as instruções resumidas e os possíveis **"efeitos colaterais positivos"**. Justificando cada dica, você terá também frases cunhadas por autores reconhecidos.
Sorrisos múltiplos e sinceros, de pura alegria, a qualquer hora. Experimente. Você corre o risco de se habituar a ser feliz!

Pequeno Livro da Alegria

> "A alegria é a pedra filosofal que tudo converte em ouro."

Benjamim Franklin

FECHE OS OLHOS e sonhe o seu sonho mais "impossível".

ENCONTRE UM LUGAR em que você possa ficar tranquilo por cinco minutos e feche os olhos. Agora, deixe aquele sonho maluco, mas sensacional, tomar conta da sua imaginação, por apenas alguns instantes. Não limite nenhum pedaço do sonho, permita que ele cresça para todos os lados.

ALÉM DE ESTAMPAR um sorriso gigante e incontrolável, você talvez sinta uma energia tão grande que se convença de que o sonho não é assim tão impossível... Pense de forma ilimitada e se arrisque - na melhor hipótese, você vai realizar um sonho; na pior, vai aprender como não fazê-lo e pode tentar de novo.

Pequeno Livro da Alegria

> "Essa é a **verdadeira** alegria na vida, ser útil a um objetivo que você **reconhece** como grande."
>
> George Bernard Shaw

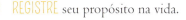

Dica

REGISTRE seu propósito na vida.

Instruções

PARA PODER realizar isto, você primeiro precisar ter descoberto o seu propósito na vida...
Assumindo que você já sabe, registre-o de quantas maneiras conseguir: escreva num papel de rascunho e ponha dentro de uma garrafa, pinte na parede, grave na tela de fundo do seu computador, invente um símbolo que o represente e desenhe na porta do quarto, publique em alguma rede social, conte para alguém... Faça de tudo para lembrar dele o tempo inteiro.

Efeitos Colaterais Positivos

NA VERDADE, o efeito principal pretendido é você lembrar do seu propósito deliberadamente, de modo que você possa colocar os seus problemas, quando surgirem, sempre em perspectiva e assim rir deles quando parecerem grandes demais. Qualquer problema perde sua feiura quando confrontado com um verdadeiro propósito de vida e quando temperado por um sorriso da certeza de que será resolvido.

Pequeno livro da Alegria

> "Se não **encontras a alegria** nesta terra, procura-a irmão para **além das estrelas**."
>
> — Platão

Dica

REZE em voz alta.

Instruções

ESCOLHA ALGUMA REZA ou prece que faça sentido em suas crenças pessoais ou inclinação religiosa. Fale a reza inteira em voz alta, com delicada intensidade. Espere um minuto em silêncio depois.

Obs. importante: Se você não acredita em Deus, ou num ser superior, você pode repetir para si mesmo mensagens positivas...

Efeitos Colaterais Positivos

SE VOCÊ NÃO ESTÁ acostumado a rezar, experimente. No fim, vai descobrir que a reza também é uma conversa com você mesmo, que pode ser feita sem parecer "doido". Ela pode servir de alívio, consolo e esperança. E ela também é uma conversa com um ser superior, ou com seu íntimo, capaz de iluminar caminhos invisíveis à lógica racional e tradicional...

Pequeno Livro da Alegria

> "Não há arauto mais perfeito da alegria do que o silêncio. Eu sentir-me-ia muito pouco feliz se me fosse possível dizer a que ponto o sou."
>
> William Shakespeare

Dica

ALIMENTE um pouco o silêncio.

Instruções

A QUALQUER MOMENTO, feche os olhos e fique em silêncio por alguns instantes. Não se esforce para pensar em nada. Agradeça pelo silêncio.

Efeitos Colaterais Positivos

AQUIETAR A MENTE também ajuda a abrir espaço para a alegria que vem da tranquilidade.

Pequeno Livro da Alegria

> "Eu amo tudo o que foi
> Tudo o que já não é
> A dor que já não me dói
> A antiga e errônea fé
> O ontem que a dor deixou
> O que deixou alegria
> Só porque foi, e voou
> E hoje é já outro dia."

Fernando Pessoa

ANUNCIE sua gratidão.

CONTE PARA ALGUÉM em quem você confia três coisas pelas quais você é realmente grato. Das mais simples às mais incríveis. Porém, é essencial que você fale em voz alta. Se possível, escreva também.

PASSAMOS PELOS DIAS sem perceber, às vezes, a quantidade de milagres e coisas boas de que desfrutamos. Do acesso à comida e à energia, à disponibilidade de luz solar e água, às grandes conquistas individuais. Um dos melhores hábitos que uma pessoa alegre desenvolve, instintivamente, é o de agradecer pelas coisas boas que teve a sorte de vivenciar. Em geral, a maioria destas coisas é extremamente simples e singela. Não custa nada agradecer, mas o fato de fazê-lo tem enorme importância.

Pequeno Livro da Alegria

> "A alegria de fazer o bem é a única felicidade verdadeira."
>
> — Léon Tolstoi

Dica

REALIZE UM ATO de bondade aleatória e anônima.

Instruções

ESTA DICA REQUER um pouco mais de cuidado. Escolha alguém que você possa ajudar, de alguma forma: doando dinheiro, um pouco de comida, peças de roupa ou um intervalo do seu tempo. Pode ser também uma entidade assistencial. Então, sem se identificar, realize o ato de bondade. Talvez você não consiga fazer uma doação sem estar presente, mas não faça questão de dizer seu nome. Repita de vez em quando, quanto mais melhor.

Efeitos Colaterais Positivos

O SORRISO QUE vai surgir, neste caso, não será só aquele da sua boca, mas também de quem recebeu sua bondade, e especialmente da alma do Universo... Não é nem necessário discutir se Universo tem alma para sentir um sorriso desses.

Pequeno Livro da Alegria

> " Tu não **compras** nem a alegria, nem a saúde, nem o amor **verdadeiro**. "
>
> — Antoine de Saint-Exupéry

Dica

FAÇA UM PRESENTE para alguém.

Instruções

DA PRÓXIMA VEZ que você tiver que dar a alguém um presente, não compre algo pronto. Aproveite qualquer habilidade que você tenha e faça o presente. Quando o presente estiver quase pronto, diga em voz alta o que o presente significa e peça ao universo para deixar a mensagem gravada nele. Quando for entregá-lo, não procure explicar o que é, deixe o presenteado interpretar como quiser.

Efeitos Colaterais Positivos

AS PESSOAS NÃO estão mais acostumadas com isso, portanto elas podem estranhar no começo. Mas depois da surpresa inicial, perceberão que mesmo hoje em dia, algo feito especialmente para elas vale mais do que qualquer coisa que possa ser comprada. Exatamente como o sorriso, que não tem preço…

Pequeno livro da Alegria

> " Não permito que nenhuma **reflexão** filosófica me tire a alegria das coisas **simples** da vida. "
>
> SIGMUND FREUD

Dica

DIGA "BOM DIA" a todos, sem exceção.

Instruções

ESCOLHA UMA MANHÃ particularmente cinza e diga bom dia para todas as pessoas que encontrar.

Efeitos Colaterais Positivos

VOCÊ VAI PRECISAR ficar atento para não deixar ninguém escapar, do presidente de sua empresa ao gari na rua, portanto, aqueça suas cordas vocais e abra bem os olhos. Além disso, preste atenção em todos os tipos de "bom dia" que vai receber de volta. Faça uma coleção desses "bons dias" na memória, pois qualquer coleção só tem o valor equivalente à emoção que pode provocar.

Pequeno livro da Alegria

> " A alegria só pode brotar de entre as pessoas que se sentem iguais. "
>
> Honoré de Balzac

SORRIA antes.

A MELHOR FORMA de alguém sorrir para você é se você sorrir antes. Entre no elevador e quando houver alguém junto, sorria. Olhe para alguém cruzando sua frente na rua e sorria. Encare algum amigo seu e sorria.

TALVEZ VOCÊ NÃO receba sorrisos sempre de volta. Mas o seu já estará garantido!

Pequeno LIVRO DA ALEGRIA

> "Saber encontrar a alegria na alegria dos outros é o segredo da felicidade."

Georges Bernanos

Dica

ELOGIE um fiscal de trânsito.

Instruções

COM TODO CUIDADO, pare ao lado de um "marronzinho" (nome dado aos fiscais de trânsito em SP) e diga em voz alta:
- Obrigado, parabéns pelo seu trabalho. Talvez você precise repetir umas duas vezes a frase e perdoar a primeira resposta malcriada do fiscal, que pode ser do tipo:
- Tá me tirando, mané?

Efeitos Colaterais Positivos

O FISCAL CERTAMENTE não está acostumado com isso, mas se você tiver paciência de repetir o elogio, o sorriso dele(a) vai provocar uma sensação de alegria em você também. Isso vale para todos os elogios, a qualquer pessoa, em geral, mas especialmente para quem não está esperando.

Pequeno livro da Alegria

> "Dar a mão a alguém foi o que eu sempre esperei da alegria."
>
> — Clarice Lispector

Dica

CONVERSE COM um estranho e finja que o conhece.

Instruções

QUANTAS VEZES alguém lhe cumprimentou e você não lembrava do nome da pessoa? Chegou sua chance de ficar quite. Em uma festa, num evento social, no ônibus, escolha alguém e comece a conversar com a pessoa como se a conhecesse há muito tempo. Faça isso por uns dois minutos pelo menos, para provocar o devido efeito...

Efeitos Colaterais Positivos

TALVEZ A PESSOA finja que lhe conhece também. Neste caso, sorria para dentro. Porém, se ela insistir que vocês nunca se viram antes, agradeça pela atenção, dê um sorriso médio e diga tchau, a menos que você ache que vale a pena pedir o número de telefone...!

Pequeno
LIVRO DA
ALEGRIA

" Colhe a alegria das flores da primavera e brinca feliz enquanto é tempo. Sempre haverá os dias em que chegará o inverno e não terás o perfume das flores, nem o sol, nem a vivacidade das cores. "

Augusto Branco

Dica

PONHA UMA FLOR na lapela.

Instruções

ESSA DICA SERÁ mais efetiva se você colher a flor. Primeiro, preste atenção à sua volta, quando estiver em seu tempo livre, e note quantos lugares têm flores. Depois, escolha uma delas, mentalmente peça aos deuses licença para pegá-la e cuidadosamente prenda a flor em algum lugar de sua roupa, na lapela, na gola, na camisa. Passe ao menos uma hora com a flor e depois coloque-a num vaso, com um pouco de água. Depois de um dia, agradeça mentalmente e jogue a flor em algum jardim.

Efeitos Colaterais Positivos

FLORES SÃO ALGUMAS das mensageiras mais eloquentes da beleza natural. Quem estiver à sua volta e notar a flor em sua roupa, especialmente se você nunca fez isso antes, vai lhe devolver um sorriso de satisfação. Todavia, como a beleza da flor neste caso representa o sacrifício da vida dela pela missão de embelezar, trate-a com muito respeito e gratidão. Muitas coisas são assim e algumas pessoas são assim, se sacrificam para poder realizar seu propósito.

Pequeno Livro da Alegria

> " Qualquer **pessoa** é capaz de ficar alegre e de bom humor quando está **bem vestida**. "

Charles Dickens

VISTA SUA MELHOR ROUPA numa quarta-feira.

OLHE PARA SEU ARMÁRIO com cuidado. Pense e responda a si mesmo, com sinceridade, qual a roupa que você mais gosta de usar? Sem se importar com os compromissos da quarta-feira à tarde, coloque essa roupa e saia na rua. Desfile, desfile, desfile. Peça a alguém para tirar umas fotos suas. Publique em sua rede social favorita.

AS PESSOAS EM GERAL, ao invés de usar bastante as roupas que gostam, guardam no armário para as ocasiões especiais. Talvez você descubra que qualquer dia em que você estiver sorrindo é uma ocasião especial, mesmo uma quarta-feira...

> **Siga a sua alegria, e o mundo abrirá portas para você onde antes só havia paredes.**
>
> Joseph Campbell

BEBA ÁGUA...da chuva.

ESPERE POR UM daqueles temporais. Onde o vento parece que vai carregar o mundo e a água desce com vontade de virar rio quando cai na terra. Saia na chuva, levante o rosto e abra a boca. Beba um pouco, pelo menos. Depois, quando for se secar, cuide para guardar na memória o gosto de água que lava a alma.

PUXA VIDA, eu não estou lhe aconselhando a pegar um resfriado. Desculpe-me antecipadamente. Eu só quero que você entenda que de vez em quando é necessário renascer. Nada como um bom banho de chuva e alguns goles de água do céu para ajudar. Às vezes é necessário deixar algumas coisas para trás para voltar a sorrir.

DA DISCRETA ALEGRIA

> Longe do mundo vão, goza o feliz minuto
> Que arrebataste às horas distraídas.
> Maior prazer não é roubar um fruto
> Mas sim ir saboreá-lo às escondidas.

Mario Quintana

Dica

DEGUSTE UM CHOCOLATE escondido.

Instruções

PEGUE DO ARMÁRIO o chocolate mais gostoso que encontrar, ou compre um daqueles deliciosos, se esconda no seu quarto, ou no banheiro e deguste devagar, bem devagar, apreciando de verdade!

Efeitos Colaterais Positivos

O SEU SORRISO e aquele suspiro de satisfação podem ser atrapalhados por uma leve sensação de culpa: repita a si mesmo que valeu a pena!

Lembre-se de que chocolate, apesar de ser calórico, é uma delícia mesmo, e que a vida só vale a pena se aprendermos a apreciar com moderação os pequenos e grandes prazeres.

Pequeno livro da Alegria

> **Admiro a terra**, quero-a, sempre gostei dela. Sempre me **senti feliz** por **estar vivo**: apesar da guerra, das más notícias, não sou capaz de matar em mim a simples **alegria de viver**.

Julien Green

Dica

COMA FRUTAS do pé.

Instruções

ENCONTRE UMA ÁRVORE frutífera. Você talvez já saiba onde existe uma. Se necessário, vá até o sítio de algum amigo, ou ao parque da cidade. Procure. Quando achar, pegue uma fruta por vez, e coma com os olhos, o nariz, as mãos, os ouvidos e finalmente a boca.

Efeitos Colaterais Positivos

TODA VEZ QUE PROVAMOS algo muito bom, todos os gostos ficam menores. Comer fruta do pé talvez tenha esse efeito em você. Se tiver, ótimo, pois você vai encontrar motivos para plantar mais árvores e preservar o meio ambiente, além de descobrir o sorriso de se alimentar com energia de verdade.
Além disso, você pode alternar essa dica com aquela do "chocolate" para dizer que tem uma alimentação balanceada (quá quá!).

Pequeno Livro da Alegria

> "Busque sempre fazer as coisas com alegria, mesmo que sejam difíceis, dê o máximo de si, e acredite, isso muda o futuro."
>
> Allan Rocha

NÃO SE LEVE muito a sério.

NÃO SE LEVE muito a sério. Não avalie tudo o que você faz. Não ache que tem que estar sempre certo. Não perca tempo dando notas para o seu desempenho toda hora. Não seja um chato de galochas. E principalmente, não se preocupe tanto com a opinião dos outros.

É ISSO AÍ... Faça o seu melhor - a consciência desse esforço basta!

PEQUENO LIVRO DA ALEGRIA

> "Alegria é um bloco de Carnaval que não liga se não é Fevereiro..."

ADRIANA FALCÃO

Dica

"CANTAROLE" um refrão.

Instruções

LEMBRE-SE DE UM REFRÃO divertido, de uma música bem animada. "Cantarole" o refrão, dizendo a letra mas também fazendo quantos sons você conseguir para acompanhá-la!

Efeitos Colaterais Positivos

EU PODIA TER DITO "cante", mas preferi "cantarole".
Porque há uma diferença, senão no dicionário, pelo menos neste caso. Cantar seria repetir a letra da música. Cantarolar significa repetir a letra e imitar os sons da música também, do jeito que você achar mais divertido, pois este é justamente o intuito, sorrir pela brincadeira. Lembre-se: não é um concurso de afinação, é simplesmente uma celebração do poder que a música tem de revolucionar seu estado físico e emocional, ainda mais quando acompanhada de grandes sorrisos.

Pequeno livro da alegria

> " A alegria não está nas coisas, está em nós. "
>
> Johann Goethe

Dica

PARTICIPE DA COMPETIÇÃO do sorriso.

Instruções

LEMBRA DAQUELA BRINCADEIRA de criança em que dois amigos se encaram, sérios, e perde quem sorrir antes? Convide alguém e pratique já! As regras são simples: um de frente para o outro, olhos nos olhos, perde quem der risada antes... Jogue quantas vezes quiser.

Efeitos Colaterais Positivos

NA VERDADE, neste jogo, perder é ganhar. Finja que está competindo mas dê grandes gargalhadas quando perder. Além do seu amigo achar que é ótimo nisso (você eleva a autoestima de alguém por tabela) você terá uma ótima desculpa para rir de verdade.

PEQUENO LIVRO DA ALEGRIA

O arco-íris

O arco-íris
que brota do chão
sete cores o
enfeitam
parece pintado
à mão.

O arco-íris
será um dia
um grande
escorregador
de alegria.

O arco-íris
não há mais nada
a dizer
além de um sonho
o que mais
pode ser!

Clarice Pacheco

Dica

FOTOGRAFE um arco-íris.

Instruções

TODA VEZ QUE CHOVER, procure por ele no céu. Na primeira chance, sequestre sua beleza com diversas fotos.

Efeitos Colaterais Positivos

FOTOGRAFAR UM ARCO-ÍRIS pode requerer um pouco de paciência. Mas considerando que todo mundo têm telefones celulares com câmeras hoje em dia, o máximo que você vai precisar fazer é prestar atenção. Agora, ter a foto de um arco-íris é um santo remédio. Toda vez que você precisar sorrir, olhe para ela. Será o suficiente.

> "A **criança** é alegria como o raio de sol e **estímulo** como a esperança."

COELHO NETO

DIVIRTA-SE no parquinho.

DA PRÓXIMA VEZ que você passar ao lado de um parquinho de criança, numa praça pública qualquer, pare tudo que estiver fazendo. Encoste o carro, desça do ônibus, ou saia do trem e entre no parquinho. Escolha um dos brinquedos (gangorra, escorregador, etc...) e divirta-se como criança por cinco minutos.

TALVEZ O PARQUINHO esteja vazio e você não precise explicar nada para ninguém.
Talvez haja outras crianças no parquinho e elas provavelmente não vão lhe cobrar nenhuma explicação e quem sabe tentarão brincar com você.
Mas se houver outros adultos lá, tenha a certeza de que todos gostariam de fazer o que você fez. Você até pode olhar para algum deles e dizer:
- Não sabe o que está perdendo!

Pequeno livro da Alegria

> " A **alegria e a coragem** são um par de asas que nos fazem voar em **demanda do infinito**. "

Jeanete Moraes Souza

Dica

FAÇA UM DESENHO na parede.

Instruções

ESCOLHA UMA DAS PAREDES da sua casa. Separe alguns lápis de cor. Respire fundo. Inspire coragem. Estenda a mão até a parede com um dos lápis e comece um desenho. Depois do primeiro rabisco, ficará mais fácil... Use quantas cores conseguir.

Efeitos Colaterais Positivos

TALVEZ VOCÊ TENHA PASSADO um bom tempo ensinando aos seus filhos ou sobrinhos que é proibido desenhar nas paredes de sua casa, por ótimos motivos. Mas também é bom lembrar que para podermos evoluir, crescer e mudar, é necessário coragem para transgredir algumas barreiras. Não é o caso de ultrapassar o direito dos outros ou ferir a ética, mas sim de dar um pouco de espaço para a imaginação. Deixe aquela risada presa se manifestar e aproveite o desenho na parede como uma experiência libertadora. Você até pode pintar a parede de volta. Ou pode torná-la um santuário de criatividade.

PEQUENO LIVRO DA ALEGRIA

"Ser feliz sem motivo é a mais autêntica forma de felicidade."

CARLOS DRUMMOND DE ANDRADE

Dica

● BRINQUE com bexigas.

Instruções

● ENCHA ALGUMAS BEXIGAS coloridas. Tente mantê-las no ar pelo tempo mais longo possível. Use todas as partes de seu corpo e recrute quem estiver perto para ajudar.

Efeitos Colaterais Positivos

● ALGUNS EXERCÍCIOS FÍSICOS são divertidos, mas poucos têm o poder contagiante das bexigas. Brincar com bexigas parece ser permitido aos adultos, que têm a desculpa de ajudar as crianças nas festas, ou de que brincar com bexigas é uma metáfora válida para manter o equilíbrio psicológico. Não se preocupe com explicações. Apenas brinque. Será impossível não sorrir.

> **Pequeno livro da Alegria**

> " Perdido seja para nós aquele dia em que não se dançou nem uma vez! E falsa seja para nós toda a verdade que não tenha sido acompanhada por uma gargalhada! "

Friedrich Nietzsche

DANCE no carro.

APROVEITE A PRIMEIRA chance que tiver, ou seja, o trânsito carregado e parado. Coloque uma música que você gosta, ou procure uma estação de radio em que esteja tocando algo bem animado, e dance pra valer - isso significa mexer os braços e a cabeça em todo o espaço disponível. Quando o farol abrir, ou o carro da frente se mover, ou o motorista de trás buzinar para você, pare tudo e olhe para os lados...

ALÉM DE DIMINUIR o seu estresse, você certamente, e de graça, vai diminuir muito o estresse dos motoristas vizinhos, que, mesmo que não resolvam dançar também, ficarão no mínimo espantados com sua coragem e vão acabar rindo...
Obs.: Essa dica só vale para o tempo em que você não precisar ficar com as mãos no volante.

Pequeno Livro da Alegria

> **Minha tristeza** não tem pedigree, já a minha **vontade de alegria**, **sua raiz** vai ao meu mil avô.

Adélia Prado

Dica

● IMITE SEU ANIMAL de estimação.

Instruções

● APROXIME-SE DO SEU ANIMAL de estimação. Se você não tem um, pegue emprestado. Observe por alguns instantes e depois imite alguns dos movimentos ou sons que o animalzinho usualmente faz. Talvez seja melhor não fazer isso em público!

Efeitos Colaterais Positivos

● VOCÊ CERTAMENTE não vai adquirir um gosto por ração em um minuto e muito menos querer ronronar quando estiver perto da sua namorada, mas vai se divertir bastante com a reação do seu animal, que deverá estar pensando (se pensasse):
"Véi", na boa, esse humano pirou!

Pequeno livro da Alegria

> "A alegria é um estado pessoal expansivo. No momento que se experimenta, a vida se amplia."
>
> Wilsiane Santos

Dica

GRITE "GOL" pra valer.

Instruções

CONSULTE QUANDO SERÁ o próximo jogo do seu time de coração. Separe na sua agenda tempo para acompanhar o jogo. Quando acontecer o primeiro gol (vamos rezar para que não demore) encha seus pulmões de verdade e grite "GOL" pra valer.

Efeitos Colaterais Positivos

VOCÊ PODE NÃO SER um cantor lírico, mas vai experimentar a alegria libertadora de expandir o ar da emoção para fora dos pulmões. Aproveite que ninguém pode reclamar de um torcedor fanático vibrando pelo seu time.

PEQUENO
LIVRO DA
ALEGRIA

> " A alegria que se tem em pensar e aprender faz-nos pensar e aprender ainda mais. "

ARISTÓTELES

Dica

PEÇA A UM PROFESSOR para lhe ensinar algo diferente.

Instruções

ESCOLHA UM PROFESSOR(A) entre os mais legais que você já teve ou algum com quem você esteja interagindo agora. Peça um minuto da atenção dele(a) e pergunte:
- Você pode me ensinar algo diferente e interessante?
Preste muita atenção ao que vier depois.

Efeitos Colaterais Positivos

VOCÊ PODE ESCOLHER qualquer professor(a): de esportes, de matemática, de línguas, professor de colégio, de faculdade, de pós-graduação, da escola de informática, etc... Também vale escolher alguém que você sabe que pode lhe ensinar algo, mesmo que essa pessoa não trabalhe na carreira acadêmica. Afinal, todo mundo têm algo a ensinar. Se você pedir sinceramente, é provável que a resposta seja um conhecimento realmente valoroso. Sorria, você vai se transformar numa pessoa melhor por dois motivos: pelo conhecimento que vai adquirir e pela humildade de pedir ajuda.

Pequeno Livro da Alegria

> "Para o trabalho que gostamos levantamo-nos cedo e fazemo-lo com alegria."
>
> William Shakespeare

IMAGINE UMA PROFISSÃO nova e trabalhe nela durante um dia inteiro.

JÁ PERDI A CONTA das vezes em que tive preguiça de ir trabalhar porque sabia que aquele dia seria muito, muito, muito chato (não que eu tenha faltado no trabalho...). Portanto, use alguns minutos agora para imaginar a profissão que você realmente gostaria de ter, algo como: gestor da vida alheia, explorador de prazeres gastronômicos, crítico da beleza praiana, etc... Então, no final de semana ou num feriado, passe um dia fingindo, mas fazendo, aquilo que essa profissão que você imaginou requer. Visite cinco restaurantes, vá até a praia e aprecie a paisagem, compre revistas de fofoca e faça um resumo verbal para sua melhor amiga.

ALÉM DE SER muito divertido, fazer o que essa dica propõe pode eventualmente lhe mostrar indícios de atividades profissionais sérias nas quais você se sentiria mais feliz ou poderia usar seus reais talentos...

PEQUENO LIVRO DA ALEGRIA

> Só o que está morto não muda!
> Repito por pura alegria de viver:
> A salvação é pelo risco,
> Sem o qual a vida não vale a pena!!!

CLARICE LISPECTOR

Dica

TERMINE UMA FRASE de forma inesperada.

Instruções

VOCÊ JÁ REPAROU como as pessoas estranham quando uma frase não termina como elas *sorvete?*
Durante uma conversa qualquer, mude a última palavra da sua frase para algo totalmente incomum e observe a reação das pessoas...

Efeitos Colaterais Positivos

VOCÊ VAI ACHAR engraçado e vai sorrir. Se quiser parecer importante, você pode dizer que está conduzindo um experimento neurocientífico que avalia a reação cognitiva frente ao inesperado ou à ambiguidade pois o cérebro humano antecipa padrões, blá, blé, bli, bló, blu... Ou pode simplesmente deixar seu sorriso explicar que a brincadeira é por pura diversão e desafiar seus amigos a fazerem o mesmo para quebrar a rotina!

Pequeno Livro da Alegria

> **"A única alegria** no mundo é começar. É bom **viver porque** viver é começar sempre, a **cada instante."**

Cesare Pavese

ATENDA AO TELEFONE usando outro nome.

QUANDO O TELEFONE tocar, em sua casa, ou mesmo se for seu telefone celular, atenda declarando que é de um lugar inusitado. Exs.:
Supermercados Abelha, bom dia! ou
Clínica de conselhos gratuitos! ou ainda
Hotel Galho Solto, em que posso ajudar?

SE A PESSOA não perceber o engano, continue a conversa e divirta-se. Se não for o caso, espere o telefone tocar de novo e desfaça o mal-entendido. Mas ria, ria bastante! Além disso, começar uma conversa nova, de um ponto de referência incomum, pode abrir seus olhos para novas ideias...

PEQUENO LIVRO DA ALEGRIA

> " Não existe um caminho para a felicidade.
> A felicidade é o caminho. "

MAHATMA GANDHI

INVENTE uma palavra.

LEMBRE-SE DE algumas das palavras que você mais gosta. Junte-as de forma divertida. Misture, recombine, acrescente e determine seu significado... Use a nova palavra algumas vezes numa conversa com amigos e finja que ela existe de verdade.
Ex.: alegriso (que obviamente quer dizer sorriso de alegria...).

VAI QUE A PALAVRA que você inventou vira um "hit" e cai na boca do povo, que nem comercial bem feito. Ou ainda, de tão boa, um dia é incorporada no dicionário. No mínimo, você vai se divertir com o efeito dela, tanto na hora de falar quanto na hora de explicar aos amigos o que quer dizer...! E vai provar a si mesmo que uma ingênua brincadeira pode alegrar o dia mais triste. Viver feliz ou triste é uma opção. Você escolhe o caminho.

Pequeno livro da Alegria

> **Que eu não perca** a beleza e a alegria de ver, mesmo sabendo **que muitas lágrimas** brotarão dos meus olhos e escorrerão **por minha alma.**

Chico Xavier

Dica

● DÊ NOME A uma nuvem.

Instruções

● OLHE PARA O CÉU por alguns instantes. Escolha a nuvem mais interessante. Dê um nome a ela. Pode ser o nome de uma pessoa que você gosta muito, ou pode ser um nome completamente novo. Espere a nuvem se desfazer.

Efeitos Colaterais Positivos

● DAR UM NOME a uma nuvem, convenhamos, é apenas uma boa desculpa para você olhar por alguns instantes para o céu e ver de verdade, o que garantirá (isso nunca falha) aquela sensação de alegria quase gratuita pela beleza do firmamento. Nenhum ser humano consegue ficar indiferente à beleza natural, mesmo que finja não gostar. E no ranking das coisas belas, o "azul lá de cima" fica bem no topo, literalmente. Sorrir será um bônus espontâneo.

PEQUENO LIVRO DA ALEGRIA

> " A gaveta da alegria
> já está cheia
> de ficar vazia. "
>
> — Alice Ruiz

Dica

CRIE um apelido.

Instruções

ESCOLHA UMA PESSOA, um amigo(a), namorado(a), ou um local, ou uma parte do seu corpo e crie um apelido para ela. Use o apelido pelo menos dez vezes.

Efeitos Colaterais Positivos

O APELIDO PODE PEGAR, portanto capriche...! Prefira apelidos que enalteçam o apelidado... Se não der certo, peça desculpas e invente outro. No desespero, invente um apelido para você mesmo. Não se esqueça que o teste de um bom apelido é o quanto ele provoca sorrisos sem ofender o apelidado.

Pequeno livro da Alegria

> **" Acredito nos jovens** que trazem sempre no rosto um **fio de otimismo** e alegria, como lamparina dentro do coração e o **transmitem aos outros. "**

Indira Gandhi

Dica

PEGUE UMA CRIANÇA no colo.

Instruções

A INSTRUÇÃO VALE para qualquer criança, mas especialmente para aquelas próximas a você e ainda pequenas - claro que isso se aplica aos seus filhos (se os tiver) em primeiro lugar. Quando surgir a primeira oportunidade, pegue com carinho uma criança no colo, e deixe-a sentir esse carinho até que ela abra um sorriso.

Efeitos Colaterais Positivos

ALGUÉM JÁ DISSE que o sorriso é uma linguagem universal. Não é necessário ler o estudo científico para entender isso. E o sorriso de criança é duplamente universal, especialmente pela propensão que a maior parte dos adultos têm de cuidar bem de crianças. Portanto, comunique-se na língua do sorriso e do carinho também. O carinho abre portas e permite a chegada de coisas novas pois o sorriso ameniza as preocupações.

PEQUENO LIVRO DA ALEGRIA

> "Não preciso me drogar para ser um gênio;
> Não preciso ser um gênio para ser humano;
> Mas preciso do seu sorriso para ser feliz."
>
> CHARLES CHAPLIN

Dica

● DÊ UM ABRAÇO repentino.

Instruções

● ESCOLHA ALGUM COLEGA de trabalho que você em geral cumprimenta à distância e se aproxime. Quando não tiver mais como ele(a) escapar, dê um abraço repentino. Três segundos bastam. Não dê tempo para a pessoa se preocupar com o fato. Sorria, dê meia volta e ande em outra direção, para a pessoa poder apreciar o fato com calma e sem ter que lhe perguntar nada ou fingir que não ficou desconcertada.

Efeitos Colaterais Positivos

● PODE SER QUE em alguns raros casos a pessoa abraçada não goste da experiência. Mas as chances maiores são de que ele(a) adore o elogio do abraço. Não será necessário falar nada para entender isso...

Pequeno
livro da
Alegria

" Como pode uma ave, nascida para a alegria ficar numa gaiola e cantar? "

William Blake

Dica

LIBERTE UM PÁSSARO de uma gaiola. Ou convença alguém a fazê-lo.

Instruções

SE VOCÊ TEM um pássaro preso em uma gaiola, abra a porta e deixe-o voar. Se você conhece alguém que tem uma gaiola, converse com essa pessoa até convencê-la a deixar o pássaro voar. Não é difícil encontrar argumentos. E preste muita atenção ao voo...

Efeitos Colaterais Positivos

EU SEI O QUE VOCÊ está pensando: o pássaro ficou tanto tempo preso que não sabe mais voar, e vai morrer. Você vai ser culpado por um "passarocídio". Pergunto: o que vale mais a pena, viver um segundo de intensa alegria ou passar uma vida inteira aprisionado? De qualquer forma, se você tem certeza de que o animalzinho morrerá, é sua a responsabilidade, então, de ampliar a liberdade dele aos poucos, com uma gaiola maior, ou com um ambiente onde ele possa realizar um voo curto mas seguro. Você vai poder sorrir somente e tão somente quando perceber a diferença entre ajudar o pássaro a ser feliz ou aprisioná-lo para sua própria satisfação. Não pense que isso não se aplica às pessoas próximas a você também... Ajudar os outros a serem livres, pense muito nisso.

Pequeno livro da Alegria

> **Acima de tudo** quero que vocês descubram a alegria da **criação** a partir das **vossas próprias** mãos. A possibilidade de criação a partir do **papel** é infinita.
>
> Akira Yoshizawa

Dica

ESCREVA UMA DECLARAÇÃO de amor à mão e faça questão de entregar pessoalmente.

Instruções

TODOS AMAMOS ALGUÉM. Pai, mãe, namorados, marido, mulher, filhos. Portanto, e isso não precisa ser feito só uma vez, escolha algum dos seus entes queridos e escreva uma declaração de amor à mão. Dobre o papel de uma forma diferente e entregue a declaração para essa pessoa. Não vá embora antes de a pessoa ler.

Efeitos Colaterais Positivos

EM PRIMEIRO LUGAR, isso não é um teste para descobrir se você escreve bem. Em segundo lugar, neste caso, não vale mandar SMS nem email nem "msg inbox no face". É fundamental que você imprima sua marca em algum papel escrevendo nele, pois isso parece coisa do passado, mas diz muito sobre sua intenção. Carregar a mensagem da intenção e da emoção é principal propósito, por isso também é necessário entregar pessoalmente. E a recompensa do sorriso (e outras mais, quem sabe) virá depois da pessoa ler... Se saber amado e ser lembrado vão garantir isso!

Pequeno livro da Alegria

> " Te amo, beijo em tua boca a alegria. "

Pablo Neruda

DÊ UM BEIJO de verdade.

ESTA DICA FUNCIONA melhor com seu marido, esposa ou namorado(a). Todavia, você pode arriscar também com outras pessoas. Puxe delicadamente seu amado para perto de você, finja que está num filme, e dê um beijo inesquecível, cuidadoso mas atrevido. Depois abra os olhos e confira o sorriso "besta" no rosto dos dois.

SE VOCÊ ESCOLHEU um companheiro para realizar esta dica, vai reafirmar muito seu amor. Se você se aventurou e deu um beijo "n'outro" alguém, boa sorte! Lembre-se que o sorriso no final é um bom indício de suas chances, mas mesmo uma expressão de espanto carregará no fundo uma ponta de alegria. De qualquer forma, quantas coisas são tão inesquecíveis como um beijo sincero?

Pequeno Livro da Alegria

> "Não há alegria pública que valha uma boa alegria particular."
>
> — Machado de Assis

Dica

CONTE UM SEGREDO seu para alguém, mas sem dizer o seu nome.

Instruções

COMPRE UM CARTÃO POSTAL. Escreva um segredo seu nele, mas sem colocar seu nome, e mande para alguém que você ama. Procure colocar um segredo realmente importante.

Efeitos Colaterais Positivos

ESSA IDEIA DE enviar segredos anônimos é de Frank Warren. Acesse seu blog no endereço http://www.postsecret.com. Lá você vai encontrar muitos exemplos de segredos postados. O efeito de mandar seu segredo para alguém, mesmo sem se identificar, é de libertação de medos ou problemas persistentes, ou simplesmente o de distribuir um pouco de alegria.

www.dvseditora.com.br